BEI GRIN MACHT SICH IHR WISSEN BEZAHLT

Nelli Schulz

Karl Marx: Die deutsche Ideologie

GRIN Verlag

Bibliografische Information der Deutschen Nationalbibliothek:

Die Deutsche Bibliothek verzeichnet diese Publikation in der Deutschen National-
bibliografie; detaillierte bibliografische Daten sind im Internet über http://dnb.d-
nb.de/ abrufbar.

Dieses Werk sowie alle darin enthaltenen einzelnen Beiträge und Abbildungen
sind urheberrechtlich geschützt. Jede Verwertung, die nicht ausdrücklich vom
Urheberrechtsschutz zugelassen ist, bedarf der vorherigen Zustimmung des Verla-
ges. Das gilt insbesondere für Vervielfältigungen, Bearbeitungen, Übersetzungen,
Mikroverfilmungen, Auswertungen durch Datenbanken und für die Einspeicherung
und Verarbeitung in elektronische Systeme. Alle Rechte, auch die des auszugsweisen
Nachdrucks, der fotomechanischen Wiedergabe (einschließlich Mikrokopie) sowie
der Auswertung durch Datenbanken oder ähnliche Einrichtungen, vorbehalten.

Impressum:

Copyright © 2006 GRIN Verlag GmbH
Druck und Bindung: Books on Demand GmbH, Norderstedt Germany
ISBN: 978-3-640-20414-4

Dieses Buch bei GRIN:

http://www.grin.com/de/e-book/74037/karl-marx-die-deutsche-ideologie

GRIN - Your knowledge has value

Der GRIN Verlag publiziert seit 1998 wissenschaftliche Arbeiten von Studenten, Hochschullehrern und anderen Akademikern als eBook und gedrucktes Buch. Die Verlagswebsite www.grin.com ist die ideale Plattform zur Veröffentlichung von Hausarbeiten, Abschlussarbeiten, wissenschaftlichen Aufsätzen, Dissertationen und Fachbüchern.

Besuchen Sie uns im Internet:

http://www.grin.com/

http://www.facebook.com/grincom

http://www.twitter.com/grin_com

TU Chemnitz

Philosophische Fakultät

Philosophie

Wintersemester 2005/2006

Proseminar: Ideologie und Ideologiekritik

Karl Marx: Die deutsche Ideologie

(Zusammenfassung des Referats)

Nelli Schulz

7. Semester

M.A. Germanistik/Philosophie

In seiner Vorrede zur „Deutschen Ideologie" (1932) rebelliert Karl Marx gegen die Herrschaft der Gedanken. Der Mensch wird beherrscht von Geschöpfen und Ideen, die er selbst geschaffen hat. Das Opium, geschaffen durch den Menschen für den Menschen, dient zur Selbstnarkotisierung, um soziale Schäden und Missstände zu kompensieren. Die soziale Wirklichkeit wird unerklärlich, Hass, Konkurrenz und Missgunst erzeugen ohnmächtige Unverständlichkeit. Man fühlt sich real ohnmächtig und fremdbestimmt, benötigt eine obere Instanz. Aus der Selbstentfremdung und der Zerissenheit des Menschen entsteht die Überzeugung, dass es ein allwissendes Wesen gibt. Es ist der Wunsch, das menschliche Bedürfnis nach Sicherheit in einer radikalen Zeit. Doch der Mensch unterwirft sich dem Selbsterschaffenen, macht sich das selbst Erschaffene zu seiner Geißel.

Dahingegen gibt es den „wackren Mann" (Marx, Deutsche Ideologie, 13), der behauptet, dass der Mensch nicht ertränke, wenn er nur nicht von den Gedanken der Schwere besessen wäre. Er kämpft gegen diese Illusion der Schwere trotz statistischer Widerlegungen. „Der wackre Mann war der Typus der neuen deutschen revolutionären Philosophen." (ebd., 14) Marx fühlt sich diesem Typus zugehörig und protestiert gegen die Herrschaft der Ideologie, Ideen und Vorstellungen, die bis dato die wirkliche Welt produzierten und bestimmten.

In der vorliegenden Schrift über „Die Ideologie überhaupt, namentlich die deutsche" finden sich die Grundlagen der Marxschen materialistischen Geschichtsauffassung. Sie entstand in der kritischen Auseinandersetzung mit den Junghegelianern. Im Titel „Feuerbach – Gegensatz von materialistischer und idealistischer Anschauung" stellt er die Bemerkungen gerade Feuerbach gegenüber, „weil er der Einzige ist, der wenigstens einen Fortschritt gemacht hat" (ebd., 18). Für Feuerbach ist die Religion Spiegelung menschlicher Züge und der religiöse Glaube eine menschliche Projektion. Menschen lassen ab von der Religion, wenn ihnen gezeigt wird, dass sie nur Hirngespinste sind und sie davon beherrscht werden. Er beabsichtigte, durch Religionskritik und Anthropologie den Menschen zu ändern.

Marx nennt als einzige Wissenschaft die des Menschen – er unterscheidet dabei die Geschichte der Natur und die Geschichte des Menschen. (Im Folgenden beschränkt er sich auf Letztes.) Die Ideologie reduziert sich dabei auf eine „verdrehte Auffassung" (ebd.) oder auf „eine gänzliche Abstraktion" (ebd.) dieser Geschichte.

Sämtliche deutsche, philosophische Kritik beschränkte sich auf die der religiösen Vorstellungen; die Religion wurde als Erzfeind und Ursache allen Übels gesehen. Alle Vertreter stimmten trotzdem überein im Glauben an die Herrschaft der Religion. Der vermeintliche Fortschritt bestand darin, die herrschenden metaphysischen, politischen, moralischen Vorstellungen auch unter "die Sphäre der religiösen Vorstellungen zu subsumieren" (ebd., 19), ebenso das moralische Bewusstsein und in letzter Instanz den Menschen. Die Herrschaft der Religion wurde vorausgesetzt, nach und nach wurde jedes herrschende Verhältnis für eines der Religion erklärt und in Kultus verwandelt. Überall hatte man es nur mit Dogmen und dem Glauben daran zu tun.

Marx kritisiert die Junghegelianer, deren Irrtum in ihrem Versuch bestand, die Wirklichkeit zu verstehen und zu verändern, indem sie nur von durch den Idealismus stark geprägten Bewusstseinsphänomenen und substantivierten Prädikaten ausgingen. Sie hielten die Produkte des von ihnen verselbstständigten Bewusstseins (Vorstellungen, Begriffe, Gedanken) für die Fesseln des Menschen und ihres Tuns und forderten, das Bewusstsein zu verändern und es durch ein menschliches, kritisches, egoistisches Bewusstsein zu ersetzen und somit die Schranken zu beseitigen. Marx bezeichnet sie als Konservative, da sie mit diesem Postulat nur fordern, das Bestehende anders zu interpretieren, es also vermittels einer anderen Interpretation trotzdem anzuerkennen. Es sind Phrasen, gegen die sie zu kämpfen vermögen, aber dabei vergessen, dass sie diesen auch nur solche entgegenzusetzen haben. Sie bekämpfen die wirklich bestehende Welt nicht , indem sie nur die Phrasen dieser Welt bekämpfen. Sie deuteten die zeitgenössische Gegenwart von ihren Phrasen (Ideologien, religiöse Vorstellungen) aus, anstatt sie aus "der deutschen Wirklichkeit" (ebd., 20) und "mit ihrer eigenen materiellen Umgebung" (ebd.) zu erklären. Seine Fundamentalkritik zielt auf den Glauben, durch Bewusstsein etwas ändern zu können, denn trotz der Beseitigung der Religion bleiben die Ursachen bestehen.

Solange der Mensch unter diesen realen Lebensbedingungen steht, wird er sich Götter erschaffen. Es ist für ihn einfacher, da die Notwendigkeit der mühsamen Ideenentwicklung umgangen wird.

Marx entwirft eine komplexe historische Struktur von Gesellschaft, Staat und Bewusstseinsformen. Seine Voraussetzungen, um die Wirklichkeit zu beschreiben, sind keine Dogmen, sondern auf rein empirischem Wege konstatierbar. Es sind die wirklichen Individuen, ihre Aktion und ihre materiellen Lebensbedingungen. Für ihn ist die erste Voraussetzung, die natürliche Grundlage aller Menschengeschichte die Existenz lebendiger, menschlicher Individuen.

Der Mensch unterscheidet sich vom Tier durch Bewusstsein und die Produktion seiner Lebensmittel. So bestimmt er sein materielles Leben selbst. Dieser Vorgang stellt nicht nur eine Reproduktion der physischen Existenz dar, er ist eine Art seiner Lebensweise und –äußerung. „Wie die Individuen ihr Leben äußern, so sind sie. [...] Was die Individuen also sind, das hängt ab von den materiellen Bedingungen ihrer Produktion." (ebd., 21) Wie die Menschen produzieren, so sind sie und so fühlen und denken sie. Die wichtigsten historischen Entwicklungsstufen entsprechen daher der jeweils veränderten Arbeitsweise, vor allem dem Grad und der Art der Arbeitsteilung. Aus der Art und Weise, wie Menschen ihr Leben produzieren, aus ihrer jeweiligen Lebensweise, gehen bestimmte Vorstellungen und Ideen hervor.

Bevor ich auf die verschiedenen Formen des Eigentums eingehe, referiere ich in einem Exkurs über die Marxsche Sechs-Stadien-Theorie der gesellschaftlichen Entwicklung. Sie untergliedert sich in folgende Punkte: Die Urgesellschaft entstand als urwüchsige Gesellschaftsform, in der es noch kein Privateigentum gab. In der Antike, dem zweiten Stadium, wird bereits die Unterschicht sichtbar, Menschen werden zu Sklaven und gelten so nicht länger als Menschen. Die Feudalgesellschaft entwickelt Produktivkräfte, Klassen entstehen. Der Kapitalismus als viertes Stadium beinhaltet nur noch zwei gesellschaftliche Klassen, die unter einfachen Produktionsverhältnissen stehen. Die Zukunft sah Marx in der klassenlosen Gesellschaft. Hier kehrt die Geschichte zu ihren Anfängen zurück, um auf höherem Niveau fortzubestehen. Die Residualkategorie als sechstes und letztes Stadion stellt eine Restkategorie dar, die die asiatische Produktionsweise verdeutlicht. Sie ist entwicklungsresistent und stationär.

Um wieder zum Text zurückzukehren, erklärt Marx, dass Produktion auftaucht, indem sich die Bevölkerung vermehrt, begleitet vom Kontakt der Individuen untereinander. Die Beziehungen der Nationen hängen von der Entwicklung der Strukturen (Produktivkräfte, Teilung der Arbeit, innerer Verkehr) ab. Der Entwicklungsstand der Produktivkräfte beweist sich am Grad der Arbeitsteilung. Jede neue Produktivkraft führt zu einer neuen Ausbildung der Teilung der Arbeit. Diese führt zunächst die Trennung von Stadt und Land und somit den Gegensatz der Interessen herbei. Weiterhin kommt es zur Trennung der kommerziellen von der industriellen Arbeit. Es entstehen neue Branchen und verschiedene Abteilungen, die Stände und Klassen zur Folge haben. Die Teilung der Arbeit bestimmt auch die Verhältnisse der Individuen zueinander in Bezug auf Material und Produkt der Arbeit, verschiedene Formen des Eigentums bilden sich heraus.

Die erste Form ist das Stammeigentum. Es entspricht der unentwickelten Form der Produktion, ein Volk nährt sich beispielsweise vom Fischfang. Die Teilung der Arbeit ist nicht ausgeprägt , die gesellschaftliche Gliederung entsteht nur durch die Struktur innerhalb der Familie: Stammhaupt, Stammmitglied, Sklave. Sklaverei hat ihren Ursprung in der allmählichen Vermehrung der Bevölkerung und der Ausdehnung des äußeren Verkehres, z. B. Krieg oder Tauschhandel.

Die zweite Form bezeichnet das antike Gemeinde- und Staatseigentum, das durch Vereinigung mehrerer Stämme entsteht, z. B. durch Eroberung. Als der Gemeinde untergeordnete Form entsteht allmählich das Privateigentum. Die Bürger besitzen nun in ihrer Gemeinschaft die Macht über ihre Sklaven und sind somit an das Gemeindeeigentum gebunden. Sie müssen in dieser „naturwüchsigen Assoziation" (ebd., 23) bleiben, um den Sklaven gegenüber zu bestehen. Das Klassenverhältnis zwischen Bürgern und Sklaven ist vollständig ausgebildet.

Die dritte Form ist das feudale und ständische Eigentum. Es beruht auf einem Gemeinwesen, diesem stehen die leibeigenen Bauern als produzierende Klasse gegenüber. Durch die vollständige Ausbildung des Feudalismus tritt der Gegensatz zwischen Stadt und Land auf. Die hierarchische Gliederung des Besitzes begünstigt die Macht des Adels über die Leibeigenen.

In der Stadt besteht das Eigentum in der Arbeit jedes Einzelnen. Die Zusammenfassung größerer Länder zu feudalen Königreichen war ein Bedürfnis der herrschenden Klasse, um überall einen Monarchen an der Spitze zu haben.

Für Marx macht diese Entwicklung deutlich, dass der Begriff der Freiheit nur ein Ausdruck einer weiteren Ideologie ist, denn es bestehen immer Abhängigkeitsverhältnisse. Für ihn äußert sich Freiheit im gemeinsamen Schaffen, der gemeinsamen Produktion der Güter für die Bedürfnisse aller. Er fordert die Abschaffung des Privateigentums an Produktionsmitteln und die direkte Produktion und Verteilung der Güter.

Individuen, die auf bestimmte Weise produktiv tätig sind, gehen gesellschaftliche und politische Verhältnisse ein. Die gesellschaftliche Gliederung und der Staat gehen aus dem Lebensprozess der Individuen hervor. Diese aber sind nicht, wie sie in der eigenen oder fremden Vorstellung erscheinen, sondern wie sie wirklich sind, d. h. wie sie wirken und materiell produzieren. Es kommt Marx vor allem darauf an, zu zeigen, dass "die Produktion der Ideen, Vorstellungen, des Bewusstseins zunächst unmittelbar in die materielle Tätigkeit und den materiellen Verkehr der Menschen verflochten" (ebd., 26), sozusagen "Sprache des wirklichen Lebens" (ebd.) ist. Die Vorstellungen kommen aus der gesellschaftlichen Stellung und Produktionsweise, aus den direkten Lebensverhältnissen. Das Vorstellen und Denken ist bedingt durch ihr materielles Verhalten, die Entwicklung ihrer Produktivkräfte und andere Formen des gesellschaftlichen Zusammenlebens.

„Das Bewusstsein kann nie etwas Anderes sein als das bewusste Sein, und das Sein der Menschen ist ihr wirklicher Lebensprozeß." (ebd., 26). Im ideologischen Bewusstsein, wie es für die Junghegelianer typisch ist, stehen, wie in der Camera Obscura, die Menschen und ihre Verhältnisse auf dem Kopf - diese Vorkehrung geht ebenso aus ihrem historischen Lebensprozess hervor wie die Umdrehung der Gegenstände auf der Netzhaut aus ihrem unmittelbar physischen Vorgang. Im kritischen Sinne ist die Meinung "ideologisch", die diese Gedankengebilde für selbstständige, die konkrete geschichtliche Entwicklung bestimmende Faktoren hält, den Zusammenhang von Leben - also gesellschaftlichem Leben und Bewusstsein- "auf den Kopf stellt".

Es wird nicht davon ausgegangen, was sich die Menschen einbilden und vorstellen, was sie sagen, sondern man schaut auf den tätigen Menschen und seinen wirklichen Lebensprozess und erforscht von da aus seine ideologischen Aussagen. Somit steigt man von der Erde zum Himmel, schließt vom leibhaftigen Menschen auf den vorgestellten Menschen. Auch Nebelbildungen im Gehirn des Menschen gelten so als notwendige Sublimate ihres an materielle Voraussetzungen geknüpften Lebensprozesses.

Sämtliche Ideologien besitzen für Marx nicht mehr den Schein der Selbstständigkeit, da sie keine Geschichte produzieren, d. h. die Veränderung der Bewusstseinsformen ist stets mit Veränderungen des konkreten Lebens, also mit Änderungen der Produktionsweise und der gesellschaftlichen Beziehungen verbunden. Er warnt davor, die gesellschaftlichen Lebensweisen zu enthistorisieren, als seien sie naturbestimmt. Seine Ideen haben ihre Vorgeschichte im Leben. Es sind die Menschen als historische Wesen, die Ideen und Vorstellungen produzieren, um mit dieser Art der Wirklichkeit ihr Denken zu ändern. „Nicht das Bewusstsein bestimmt das Leben, sondern das Leben das Bewusstsein." (ebd., 27) Hier spiegelt sich Marx' historischer Materialismus erneut wider: das gesellschaftliche Sein bestimmt das Bewusstsein. So geht man nicht mehr vom Bewusstsein als lebendigem Individuum aus, sondern von den lebendigen Individuen selbst, indem man das Bewusstsein als i h r Bewusstsein betrachtet. Diese Betrachtungsweise geht von den wirklichen Voraussetzungen aus, es erfasst den Menschen in seinem empirisch erfassbaren Entwicklungsprozess, nicht fernab jeder Realität. Die Geschichte ist nicht länger eine Sammlung "toter Fakta" (ebd.) oder Einbildungen.

„Da, wo die Spekulation aufhört, beim wirklichen Leben, beginnt also die wirkliche, positive Wissenschaft, die Darstellung der praktischen Betätigung, des praktischen Entwicklungsprozesses der Menschen. Die Phrasen vom Bewußtsein hören auf, wirkliches Wissen muß an ihre Stelle treten." (ebd.) Die selbstständige Philosophie verliert somit ihr Existenzmedium, sie kann nur noch als Zusammenfassung allgemeiner Resultate dienen, die sich aus der Betrachtung der Entwicklung der Menschen abstrahieren lassen. Sie haben jedoch keinen Wert, sondern unterstützen nur die Ordnung des geschichtlichen Materials, geben aber keinesfalls ein Rezept oder Schema zur „Zurechtstutzung" (ebd.) geschichtlicher Epochen.

Er fordert anhand der historisch-genetischen Methode das Studium der wirklichen Lebensprozesse der Individuen jeder Epoche und die Beobachtung konkreter Lebensumstände, um eine genaue Darstellung gewährleisten zu können. Er fordert die empirischen Beobachter auf, in jedem einzelnen Fall Zusammenhänge ohne Mystifikation und Spekulation zu dokumentieren.